ISBN 3-219-11074-6

Umschlag, Illustrationen und Layout von Susanne Riha
Gesetzt nach der neuen Rechtschreibung

im Verlag Carl Ueberreuter, Wien – München
Printed in Austria
1 3 5 7 6 4 2

Annette Betz im Internet: www.annettebetz.com

SUSANNE RIHA

Schau nach, wer abends munter wird

Mit Bildern zum Aufklappen

Ausgeschossen

ANNETTE BETZ

Fischotter

Der Fischotter hat einen lang gestreckten Körper.

Die langen Barthaare sind sehr empfindlich.

Zwischen den Zehen trägt der Fischotter Schwimmhäute.

Kleine Otter sind anfangs ein bisschen wasserscheu.

Fischotter sind Bewegungskünstler.

Es ist eine kalte Winternacht. Der Teich ist an vielen Stellen zugefroren und überall liegt Schnee. Nur eine kleine Gruppe von Fischottern ist munter und sucht nach Nahrung. Die Otter rutschen die Uferböschung zum Teich hinunter und schwimmen geschickt unter der Eisdecke hindurch. Immer wieder taucht eines der Tiere an einer eisfreien Stelle auf um Luft zu holen. Fischotter sind sehr wendige Taucher und Schwimmer und jagen unter Wasser nach Fischen.

Der Otter ist perfekt an das Leben im Wasser angepasst: Sein Körper ist lang gestreckt und geht in einen kräftigen Schwanz über. Er kann sogar seine Ohren und Nasenlöcher verschließen. Die dicken Fellhaare legen sich durch den Druck des Wassers fest aufeinander. So lässt das Fell kein Wasser durch. Es ist ganz dicht.

Immer wieder klettern die Otter aus dem Wasser.

Der Vollmond gibt heute genug Licht, um die eisfreie Wasserfläche auch vom Ufer aus zu beobachten.

Hat ein Otter eine Beute erspäht, jagt er los.

Aber auch bei tiefer Dunkelheit findet der Otter Nahrung. Seine empfindlichen Barthaare ermöglichen ihm, im Wasser bereits von weitem die Bewegungen eines herankommenden Fisches zu spüren.

Die Otter sind die ganze Nacht unterwegs. Erst im Morgengrauen werden sie sich in ihre Höhle in der Uferböschung zurückziehen und sich dort ausruhen.

Größe: 80 cm (+ 50 cm Schwanz)
Gewicht: 12 kg
Nahrung: Fische, Krebse, Frösche, kleine Säugetiere, Wasservögel, Insekten
Lebenszeit: 15 Jahre

Rotfuchs

Im Fuchsbau sind vier Junge zur Welt gekommen.

Der Rotfuchs hat schwarze Ohrenspitzen und schwarze Pfoten.

Ein kleiner Fuchs übt das Anschleichen.

Fuchsspuren im Schnee.

Es ist Frühling geworden im Wald. Kaum beginnt die Sonne abends unterzugehen, macht sich die Füchsin auch schon auf Nahrungssuche. Denn in ihrem Bau unter der Wurzel der großen Eiche sind vier Junge zur Welt gekommen.
Sie sind so groß wie Maulwürfe, können noch nicht sehen und haben ein dunkles, graubraunes Babyfell. Nach zehn Tagen öffnen die Jungen die Augen und kurz darauf kommen die ersten Zähne. Zwei Monate lang werden sie von der Mutter gesäugt.
Die vier kleinen Füchse haben immer Hunger und können es kaum erwarten, dass die Mutter mit ein paar Leckerbissen zurückkommt. Sie schauen ungeduldig aus der Höhle hervor: Wo bleibt sie bloß?
Die Füchsin streift mittlerweile durch den Wald.
Bei ihren Beutezügen ist sie nicht sehr anspruchsvoll. Sie fängt fast alles, was ihr vor die Nasenspitze kommt: Mäuse, Vögel, Insekten und kleine Säugetiere.
Gerade hat die Füchsin ein Kaninchen erspäht:
In einiger Entfernung beginnt sie herumzutollen.
Dabei schlägt sie beinahe einen Purzelbaum!
Das Kaninchen schaut neugierig zu. Die Füchsin nähert sich bei ihrer kleinen Aufführung ganz unauffällig dem Kaninchen. Wenn das Kaninchen nicht bald die Flucht ergreift, wird es die Füchsin mit einem Satz gefangen haben.

Größe: 70 cm (+ 40 cm Schwanz)
Gewicht: 8 kg
Nahrung: Mäuse, kleine Säugetiere, Vögel, Beeren, Obst, Insekten
Lebenszeit: 12 Jahre

Igel

Bei Gefahr rollt sich der Igel zu einer Kugel zusammen.

Kleine Igel suchen bald selbst nach Futter.

Der Igel ist ein guter Schwimmer.

Der Igel sammelt Laub und trockene Halme für sein Winterquartier.

Im Spätherbst beginnt der Igel seinen Winterschlaf.

Im Garten blüht bereits die Heckenrose und am Ufer des kleinen Teichs wächst das Schilf jeden Tag um ein paar Zentimeter. Es ist warm draußen, denn der Sommer hat begonnen.
Sobald es dunkel wird, kann man leises Rascheln in der Hecke hören: Die Igelin verlässt ihr Versteck und begibt sich auf Futtersuche.
Ein Igel trägt rund 8000 Stacheln auf seinem Rücken und jeder davon ist so spitz wie eine Nadel.
Bauch und Beine dagegen sind nur mit einem borstigen Fell bedeckt. Droht Gefahr, kann der Igel mit starken Muskeln unter der Haut die Stacheln um sich herum zusammenziehen. Er sieht schließlich gar nicht mehr wie ein Tier aus, sondern wie eine Kugel. Der Igel muss dann nur mehr warten, bis der Fuchs oder der Marder aufgibt und verschwindet. Meistens dauert das nicht allzu lange, da ihnen die spitzen Igelstacheln die Pfoten schnell wund stechen.
Die Igelin schnüffelt über den Boden. Sie wühlt mit Schnauze und Vorderpfoten in der Erde und gräbt Regenwürmer, Schnecken und Wurzeln aus. Schließlich trappelt sie zum Teich hinunter. Im feuchten Ufermoos findet sie nämlich immer besonders viele Insekten.
Igel können sehr gut schwimmen und sogar über niedrige Zäune klettern. Wenn sie oben angelangt sind, lassen sie sich einfach auf die andere Seite hinunterfallen. Ihre Stacheln wirken dabei wie ein Polster.
Die Igelin wird die ganze Nacht unterwegs sein.
In der Zeit kann sie bis zu 300 Gramm Futter fressen!

Größe: 30 cm
Gewicht: 1 kg
Nahrung: Insekten, Schnecken, Regenwürmer, kleine Wirbeltiere, Pilze, Obst, Wurzeln, Nüsse
Lebenszeit: 5 Jahre

Wasserfrosch

Mit seiner langen Zunge fängt der Wasserfrosch Insekten.

Das Männchen klammert sich zum Laichen an den Rücken des größeren Weibchens.

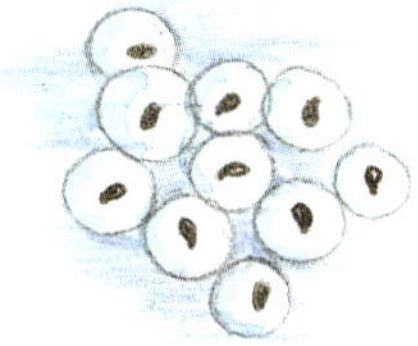

Froschlaich

Kaulquappe

nach zwei Wochen

nach vier Wochen

Die Schallblasen verstärken das Quaken des Froschs.

Der Frosch wird am Abend aktiv, wenn viele Mücken, Libellen und andere Insekten über den Teich schwirren. Sie stehen nämlich auf seiner Speiseliste ganz oben. Mithilfe seiner kräftigen Hinterbeine kann er sehr hoch und weit springen und ohne Probleme nach der Libelle schnappen.
Der Sprung des Wasserfroschs endet im Wasser.
Er taucht tief in den Teich hinunter. Die Schwimmhäute zwischen den Zehen helfen ihm dabei.
Der Frosch ist sehr ausdauernd und kann bis zu acht Minuten unter Wasser bleiben!
Der Wasserfrosch sonnt sich auch gerne in der sommerlichen Abendsonne und fängt nebenbei ein paar Insekten: Immer wieder streckt er blitzschnell seine lange Zunge aus dem Maul. An ihrer klebrigen Oberfläche bleiben Fliegen und Mücken hängen.
Im Frühling gibt es auf dem Teich jeden Abend ein Konzert: Viele männliche Wasserfrösche sammeln sich auf den Pflanzen im und am Wasser und beginnen zu quaken. Wenn ein Frosch quakt, vibrieren die Stimmbänder in seiner Kehle ganz heftig. Beim männlichen Wasserfrosch wird der Klang noch durch Schallblasen verstärkt. Diese beiden Blasen befinden sich in Schlitzen links und rechts vom Maul. Während des Quakens stülpt sie der Frosch heraus und bläst sie auf den Umfang von zwei großen Erbsen auf.
Ein Wasserfrosch quakt, wenn er erschrickt, wenn er sein Revier abgrenzen möchte oder um Weibchen anzulocken.

Größe: 10 cm
Nahrung: Insekten, Schnecken, kleine Fische, Molche, Wasserwanzen
Lebenszeit: 5 Jahre

Während des Laichens krallt sich das Männchen auf dem Rücken des größeren Weibchens fest.
Das Weibchen beginnt Eier in das seichte Wasser des Teichs abzulegen. Das Männchen befruchtet dabei die Eier mit seinem Samen. Bald treiben Tausende von Eiern – der Froschlaich – in Klumpen auf der Wasseroberfläche. Nach etwa zehn Tagen schlüpfen aus dem Froschlaich unzählige Larven. Sie hängen sich vorerst an Wasserpflanzen, bis sie nach vier Tagen schwimmen können. Sie sind nun winzige Kaulquappen.
Die Kaulquappe hat zur Fortbewegung im Wasser einen Ruderschwanz und atmet anfangs noch durch Kiemen. In diesen Büschelkiemen wird der Sauerstoff zum Atmen aus dem Wasser herausgefiltert. Die Kaulquappe frisst Pflanzenteile, später auch Kleintiere.
Nach einigen Wochen beginnt sie sich zu verändern. Die Kiemen verschwinden, das winzige Tierchen bekommt Lungen. Ab nun muss es zum Luftholen an die Wasseroberfläche. Der Kaulquappe wachsen Hinterbeine und ein wenig später bekommt sie Vorderbeine. Das hinterste Ende des Ruderschwanzes fällt ab, der Rest bildet sich zurück. Nach drei Monaten ist aus der Kaulquappe ein kleiner Frosch geworden, der ungefähr einen Zentimeter groß ist.
Eines Abends klettert der kleine Wasserfrosch zum ersten Mal an Land.

Glühwürmchen

Auf einem Blatt sendet das weibliche Insekt Leuchtsignale aus.

Die Haut des leuchtenden Körperendes ist auf der Unterseite durchsichtig.

Das Männchen landet punktgenau bei einem Weibchen.

Das Weibchen legt seine Eier ab.

Eine Larve »frisst« eine Schnecke.

Obwohl es am Nachmittag ein Sommergewitter gegeben hat und die Blätter noch feucht sind, ist die Abendluft jetzt ganz warm:
Genau das richtige Wetter für Glühwürmchen!
Diese Käfer, sie werden auch Leucht- oder Johanniskäfer genannt, tanzen als winzige Lichtpunkte über die Wiese. Sie blinken auf und sind im nächsten Moment schon wieder verschwunden.
Es sind männliche Glühwürmchen. Sie besitzen Flügel und können fliegen. Jedes der Insekten leuchtet auf der Unterseite seines Hinterleibs: Damit suchen die Männchen nach den Weibchen.
Die weiblichen Glühwürmchen hingegen haben keine Flügel. Sie können nur kriechen. Den Tag verbringen sie in Erdlöchern oder verstecken sich im Laub.
In der Dunkelheit klettern sie an Grashalmen und Büschen hoch.
Auch die Weibchen leuchten auf der Unterseite ihrer Hinterteile. Sie krümmen ihre Körperenden nach oben und beginnen zu blinken.
Durch diese auffälligen Lichtsignale verständigen sich die fliegenden und die sitzenden Glühwürmchen. Kommt ein Männchen in die Nähe eines Weibchens, so leuchtet das Weibchen sogar noch ein bisschen heller. Sobald das Männchen das Weibchen entdeckt, klappt es seine Flügel zusammen und landet neben ihm auf dem Halm oder Blatt.

Größe: 1 cm
Nahrung: Glühwürmchen fressen gar nichts
Nahrung der Larven: Schnecken, Würmer, Insekten
Lebenszeit: 1 Jahr (von Larve bis Insekt)

Haselmaus

Langsam geht der Sommer zu Ende. Die Tage werden kürzer und die Nächte sind bereits kühl.
Aber noch immer geht die Haselmaus auf Nahrungssuche. Sobald es zu dämmern beginnt, verlässt sie ihr Nest in der Hecke.
Geschickt klettert das kleine Nagetier von Ast zu Ast. Es ist auf dem Weg zum nächsten Brombeerstrauch, denn dort hängen jetzt viele reife Früchte. Sie pflückt eine Beere nach der anderen ab und stopft sie sich ins kleine Maul. Danach ist der Haselnussstrauch an der Reihe.
In den kommenden Nächten wird die Haselmaus so viel fressen, dass sich ihr Gewicht fast verdoppeln wird. Denn sobald die Temperatur im Herbst unter 15 Grad Celsius sinkt, zieht sich die Haselmaus zu ihrem Winterschlaf zurück: Zuerst polstert sie eine kleine Erdhöhle dick mit Blättern, Laub und Moos aus, dann rollt sie sich darin zusammen.
Der Winterschlaf der Haselmaus dauert ungefähr sieben Monate. Ihre Körpertemperatur sinkt in dieser Zeit stark ab.
Während des langen Schlafs zerrt die Haselmaus von ihren Fettpolstern.
Wenn sie im April erwacht, ist sie ganz dünn und wieder sehr, sehr hungrig.

Mit dem langen Schwanz hält die Haselmaus beim Klettern das Gleichgewicht.

Der Schwanz der Haselmaus ist gleichmäßig behaart.

Bei Gefahr bringt die Haselmaus ihre Jungen in ein anderes Nest.

Die Haselmaus frisst gerne Brombeeren und Haselnüsse.

Die Haselmaus hält einen langen Winterschlaf.

Größe: 8 cm (Schwanz fast genauso lang)
Gewicht: 30 g
Nahrung: Haselnüsse, Beeren, Früchte, Insekten
Lebenszeit: 3 Jahre

Die Haselmaus baut kugelige Nester aus Halmen, Gras und trockenen Blättern. Sie liegen im Unterholz dicht über dem Boden oder ein bis zwei Meter hoch in den Ästen der Büsche. Da die Haselmaus Wärme liebt, sind die Nester immer auf der Sonnenseite der Hecke zu finden. Bei Erschütterungen verlässt die Maus sofort ihre Behausung und klettert so unauffällig wie möglich zu Boden.
Haselmäuse haben viele Junge. Zwei- bis dreimal im Jahr kommen bis zu vier kleine Haselmäuse zur Welt. Der erste Wurf wächst meistens in einem Bodennest auf, die beiden weiteren oben in Baumnestern.
Junge Haselmäuse sind zwar anfangs nackt und blind, wachsen aber sehr rasch und bleiben sechs Wochen im Nest. Wird die Mutter in dieser Zeit gestört, trägt sie die Jungen im Maul in eine andere Nestkugel.
Im Herbst, wenn die Jungen erwachsen sind, ziehen sie sich einzeln oder in kleinen Gruppen zu ihrem Winterschlaf zurück.
Trotz ihres Namens ist die Haselmaus nicht mit der Maus verwandt, denn sie ist, wie auch der Siebenschläfer, ein Bilch. Man kann die beiden auch gut voneinander unterscheiden: Die Haselmaus hat einen behaarten Schwanz, die Maus einen nackten.
Haselmäuse sind selten geworden und stehen daher unter Naturschutz!

Wildkaninchen

Immer wieder richtet sich das Kaninchen auf um zu lauschen.

Feldhase *Wildkaninchen*

Das Kaninchen gräbt mit den Vorderpfoten. Mit den Hinterläufen schiebt es die Erde weg.

Einen Monat lang bleiben die Jungen in der Setzhöhle.

Es ist Herbst und die Blätter der Bäume beginnen sich zu verfärben. Die Früchte der Heckenrose – die Hagebutten – leuchten rot.
Unter den vielen Büschen auf der Wiese herrscht reges Leben. Wenn es dunkel wird, bekommen die Wildkaninchen Hunger. Auf ausgetretenen Wegen in der Wiese, den so genannten Wechseln, hoppeln die Wildkaninchen zwischen den Eingängen ihres unterirdischen Baus hin und her. Pro Nacht frisst ein Kaninchen rund ein halbes Kilogramm Grünfutter!
Das Wildkaninchen sieht dem größeren Feldhasen ähnlich, seine Ohren sind jedoch kürzer. Außerdem haben sie keine schwarz gerandeten Spitzen und die Hinterläufe des Kaninchens sind nicht so kräftig wie die des Hasen. Das Kaninchen kann zwar auch Haken schlagen, aber nicht so schnell laufen und nicht so weit springen wie sein größerer Verwandter. Das Fell des Wildkaninchens ist graubraun, das des Feldhasen rötlichbraun.
Immer wieder richtet sich eines der Kaninchen während des Fressens auf. Es spitzt die Ohren und lauscht. Denn Fuchs oder Eule sind gefährliche Feinde. Droht Gefahr, so klopft das Kaninchen mit einem seiner Hinterläufe kräftig auf den Boden. Damit warnt es die anderen. Sofort sind alle Wildkaninchen von der Wiese in ihre unterirdischen Gänge verschwunden.

Größe: 40 cm
Gewicht: 2 kg
Nahrung: Gräser, Getreide, Wurzelgemüse, Klee, Rinde
Lebenszeit: bis zu 6 Jahre

Waldohreule

Die Eule kann ihren Kopf weit nach hinten drehen.

Die Eule legt ihre Eier in verlassene Elster- oder Krähennester.

Das Eulenjunge trägt anfangs ein weiches Daunenkleid.

Die Eule hat scharfe Krallen.

Die Waldohreule fängt vor allem Mäuse.

Auf dem Ast einer Tanne sitzt eine Waldohreule. Ihr Federkleid ist braun gesprenkelt wie die Baumrinde. Daher sieht man sie kaum.

Wenn es dunkel ist, wird die Waldohreule ihren Platz auf dem Baum verlassen und sich auf Nahrungssuche machen. Aber jetzt im Winter ist das schwierig, denn nur selten wagt sich eine Maus auf die Schneedecke.

Die Waldohreule blickt über das Feld. Ihre Augen sind sehr lichtempfindlich und daher kann sie auch in der Nacht gut sehen. Nur bei totaler Dunkelheit sieht sie nichts.

Noch mehr als auf seine Augen verlässt sich der große Waldvogel aber auf sein ausgezeichnetes Gehör.

Die Waldohreule trägt zwar Federohren auf dem Kopf, sie hört damit aber nichts. Denn einer Eule dient das ganzes Gesicht als Ohrmuschel: Die kleinen Federn, die ringförmig um Schnabel und Augen angeordnet sind, wirken wie ein Schalltrichter.

Sie fangen jeden noch so leisen Ton auf und leiten ihn zu den »richtigen« Ohren weiter. Sie sitzen links und rechts an ihrem Kopf und bestehen aus zwei kleinen Schlitzen. Da eine Eule mit ihrem ganzen Gesicht hört, kann sie auch den Kopf sehr weit nach hinten drehen.

Größe: 36 cm, Flügelspannweite: 1m
Gewicht: 300 g
Nahrung: Mäuse, Ratten, kleine Vögel, Käfer
Lebenszeit: 18 Jahre

ule weg, sie hat eine Maus
n und ihre weichen Federn
Fluggeräusch.
ber noch ist die ganze Nacht

ldohreule in einem alten
Während das Weibchen
nen Futter heran.
agen schlüpfen die Jungen
erundzwanzig Tage im Nest.
bei der Geburt taub und
che öffnen sie Augen und
er die Jungen warm hält,
für Nahrung. Bald werden
ße Futterstücke veschluckt.
Haare, Krallen oder Zähne
heraus.
ellt die Mutter die Flügel
ieht sie viel größer aus.
gs weiche, weiße Federn
ein braun gesprenkeltes
ersten Ausfliegen werden
lange von den Eltern
n es braucht einige Erfah-
auf Mäusejagd zu gehen.
r mehr ein Rascheln im
tfernung eines Beutetieres